Jo-Jo

Fibel

Arbeitsheft zum Leselehrgang

von

Nicole Namour

Fachliche Beratung
zur Silbenstrategie,
zum Verlängern, zum Ableiten
und zu Merkwörtern

Günter J. Renk

Illustriert von

Sharmila Banerjee

Cornelsen

Jo-Jo

Fibel

Arbeitsheft zum Leselehrgang

Neubearbeitung
auf der Basis der Ausgabe 2008

Erarbeitet von	Nicole Namour
Fachliche Beratung zur Silbenstrategie	Günter J. Renk, Waldshut-Tiengen
Unter Beratung von	Michaela Böttcher, Stuttgart Sandra Krauß, Ostfildern Ulla Radau, Hamm Nina Tholen, Oldenburg Daniele Wagener, Melle Jutta Wagner, Wangen im Allgäu
Redaktion	Monika Gade, Nicole Namour
Umschlagillustration	Thorsten Saleina
Illustrationen	Sharmila Banerjee
Gesamtgestaltung	Heike Börner, Berlin
Technische Umsetzung	Katrin Tengler, Berlin
Bildredaktion	Peter Hartmann
Bildquellen	Seite 74: Nicole Namour Seite 82: Bärenohr/Wiesenknopf: Cornelsen Verlagsarchiv; Käsepappel: digital-nature.de/Jörg Riedel.

www.cornelsen.de

1. Auflage, 1. Druck 2011

Alle Drucke diese Auflage sind inhaltlich unverändert
und können im Unterricht nebeneinander verwendet werden.

Druck: Druckhaus Berlin-Mitte GmbH

ISBN 978-3-06-082988-0

Inhalt gedruckt auf säurefreiem Papier aus nachhaltiger Forstwirtschaft.

1

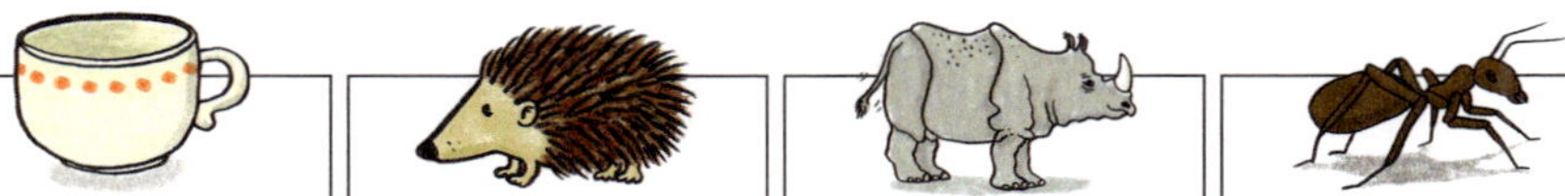

T	i	n	a

T	i	n	o

2

T	i	n	

T	i	n	

FS 6–9: 1. Anlautbilder und Buchstaben einander zuordnen; Kindernamen mit Hilfe der Anlautbilder erlesen.
Unterschiede am Wortende herausarbeiten; Namen silbierend sprechen
2. Lückenwörter silbierend erlesen; den jeweils fehlenden Laut ergänzen und passendes Buchstabenkärtchen auflegen und einkleben

1

N n	T t	I i	A a	O o

i a n T o

2

i n T a   i n T o

_ i n a

_ i n o

3

i n T a   i n T o

T _ n a

T _ n o

FS 6–9: 1. Buchstaben mit den passenden Anlautbildern verbinden
2. Lückenwörter silbierend sprechen; Anfangslaut und -buchstaben ermitteln. Anfangsbuchstaben aus den Auswahlbuchstaben auswählen und mit der Lücke verbinden
3. wie 2.: hier den zweiten Laut bzw. Buchstaben ermitteln

1

i n T a   i n T o

T i _ a

T i _ o

2

Tina Tino

1

Ti – na

Ti – no

Ti na ni no

Ti na ni no

2

Ta
Ti
To

Ta
Ti
To

3

Ta
Ti
To

Ta
Ti
To

FS 6–9: 1. Einführung „Sprechschwingen“: Kindernamen sprechen und dabei die Silben schwingen; Silben der Kindernamen dann nochmals einzeln erlesen und zu den Abbildungen passende Silben miteinander verbinden
2. abgebildete Begriffe sprechschwingen; Abbildungen mit den passenden Anfangssilben verbinden
3. DIFF: wie 2. *(Anfangssilben hier mit neuen Buchstabenkombinationen)*

A a

1

8

2

3

Hase Lama Ameise

A a

1

7

2

3

Palme | Ampel | Lampe

FS 10/11: 1. Begriffe silbierend sprechen; Begriffe einkreisen oder anmalen, in denen der A/a-Laut zu hören ist (7-mal)
2. Begriffe sprechschwingen; Silbenbögen darunter setzen
3. DIFF: a) Einkreisen oder Nachspuren des A/a b) Nachspuren des gesamten Wortes c) Wörter erlesen und den Abbildungen richtig zuordnen d) Selbstlaute rot markieren und Silbenbögen setzen

I i

1

8

2

3

Tiger	Dino	Delfin	Igel

I i

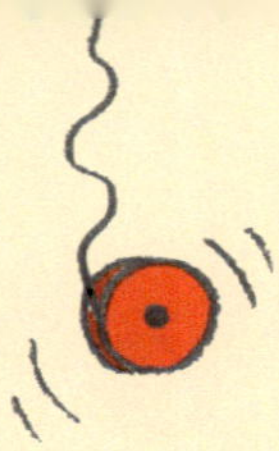

1

2

3

Pinsel | Insel | Kiste | Bild

FS 10/11: 1. Begriffe silbierend sprechen; Begriffe einkreisen oder anmalen, in denen der I/i-Laut zu hören ist (7-mal)
2. Begriffe sprechschwingen; Silbenbögen darunter setzen
3. DIFF: a) Einkreisen oder Nachspuren des I/i b) Nachspuren des gesamten Wortes c) Wörter erlesen und den Abbildungen richtig zuordnen d) Selbstlaute rot markieren und Silbenbögen setzen

N n

1

7

2

3

Nase | Banane | Nest

1

Na
Ni
No

Na
Ni
No

2

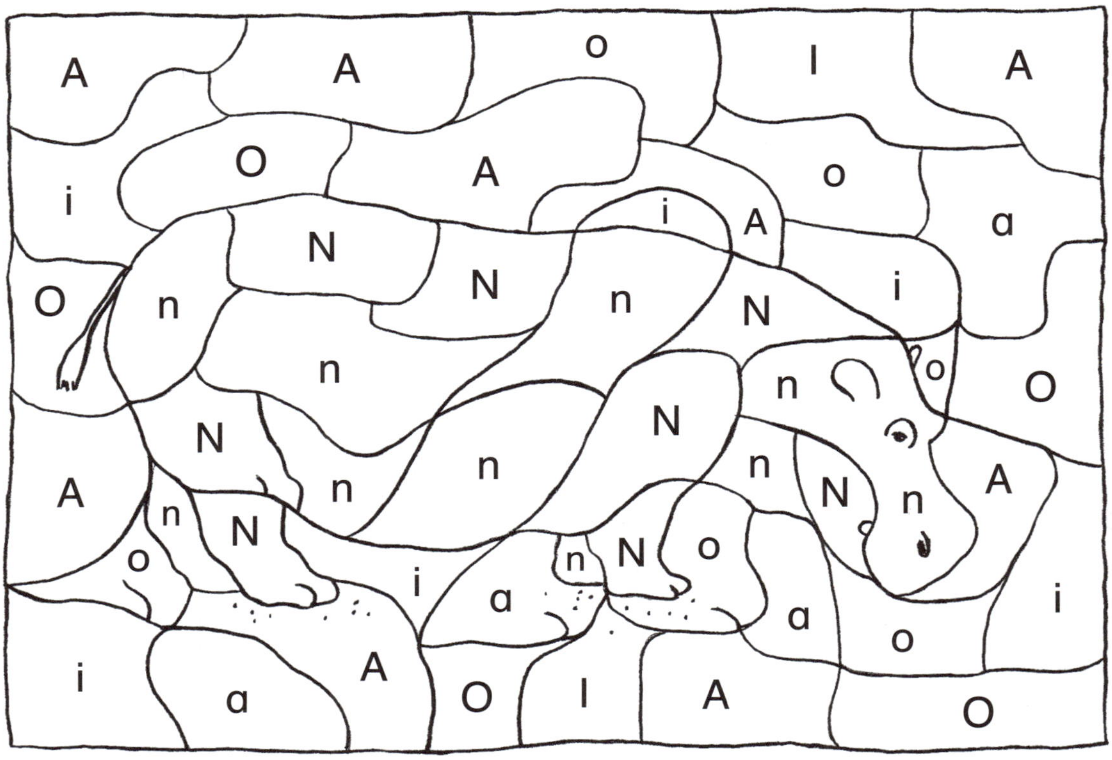

3

An
In
On

na
ni
no

FS 12/13: 1. Abbildungen benennen, Begriffe sprechschwingen und mit den passenden Anfangssilben verbinden
2. alle Felder mit N und n dunkelblau ausmalen (Lösungsbild: Nilpferd)
3. DIFF: Begriffe sprechschwingen; Abbildungen mit passenden Anfangs- bzw. Endsilben verbinden

O o

1

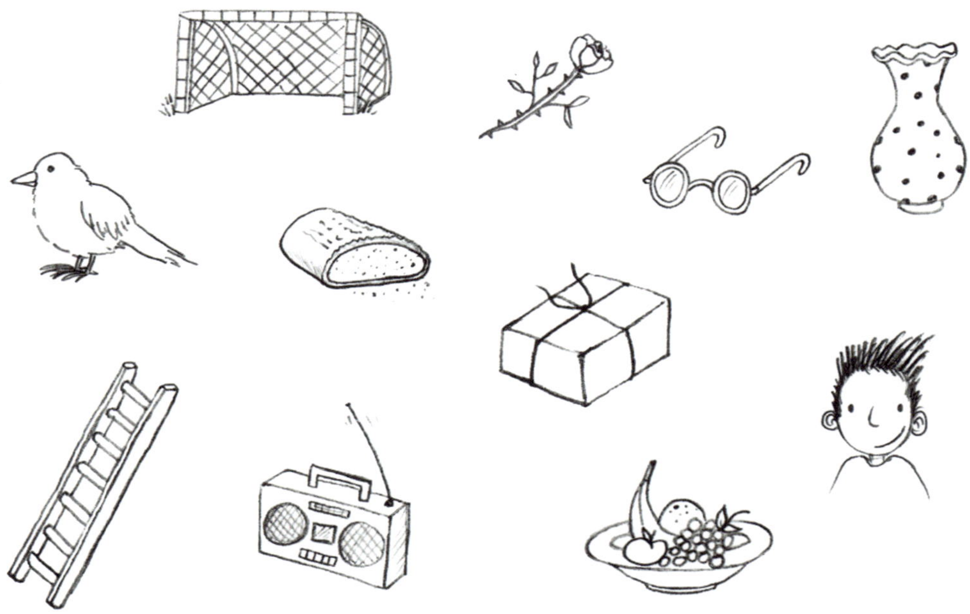

7

2

3

Tino | Rose | Tor | Ofen

FS 12/13: 1. Begriffe silbierend sprechen; Begriffe einkreisen oder anmalen, in denen der O/o-Laut zu hören ist (7-mal)
2. Begriffe sprechschwingen; Silbenbögen darunter setzen
3. DIFF: a) Einkreisen oder Nachspuren des O/o b) Nachspuren des gesamten Wortes c) Wörter erlesen und den Abbildungen richtig zuordnen d) Selbstlaute rot markieren und Silbenbögen setzen

O o

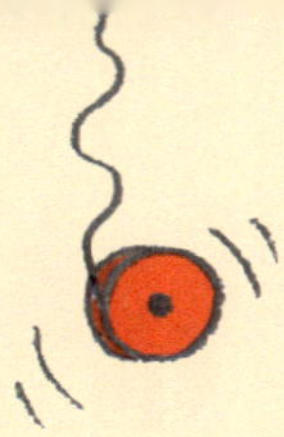

1

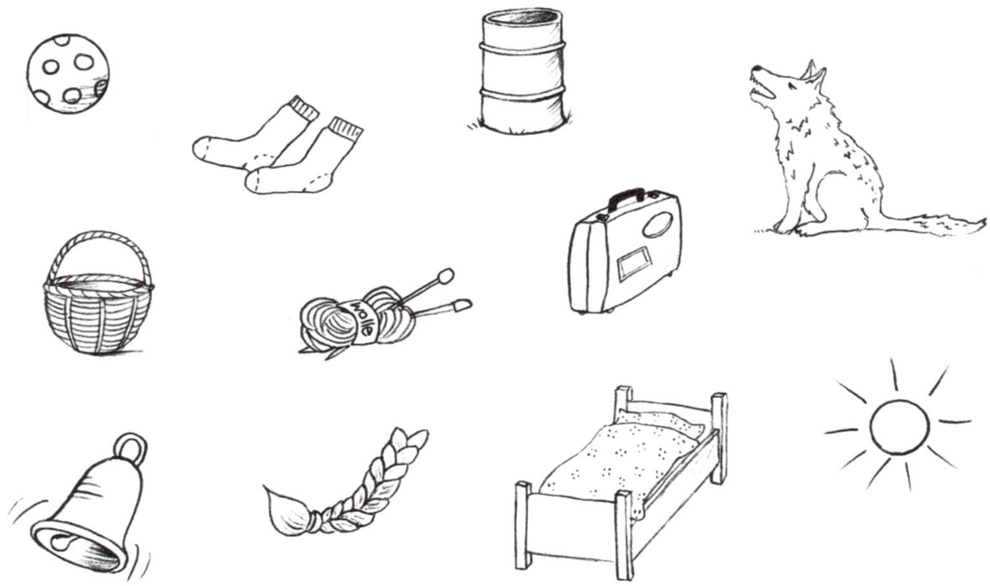

9

2

3

Sonne | Wolke | Tonne

FS 12/13: 1. Begriffe silbierend sprechen; Begriffe einkreisen oder anmalen, in denen der O/o-Laut zu hören ist (9-mal)
2. Begriffe sprechschwingen; Silbenbögen darunter setzen
3. DIFF: a) Einkreisen oder Nachspuren des O/o b) Nachspuren des gesamten Wortes c) Wörter erlesen und den Abbildungen richtig zuordnen d) Selbstlaute rot markieren und Silbenbögen setzen

T t

1

9

2

3

Tomate | Tapete | Hut

1

Anton Tino Anita Tina

2

○ Toni in Not

○ Anton in Not

○ Anita in Not

3

Tina Anita Ina Tino Anton

AntonaInaiTinaAnitainTinoi

FS 12/13: 1. Namen erlesen, sprechschwingen und mit den passenden Abbildungen verbinden
2. Auswahlsätze erlesen; zum Bild passenden Satz ankreuzen (diese Übungsform zunächst an der Tafel einführen)
3. DIFF: Kindernamen erlesen, aus den Schreibzeilen optisch diskriminieren und einkreisen oder nachspuren

M m

1

7

2

3

Lama	Lampe	Maus

1

O	m	a

M	a	m	a

O

mo

ma

Ma

ma

mo

2

3

M m Mama Oma

OmaimMamaOmaMamain

Mama

O

FS 14–16: 1. Wörter erlesen; Silben erlesen; Wörter sprechschwingen und passende Silbenpaare miteinander verbinden
2. Wörter Oma und Mama komplett analysieren und synthetisieren, mit den Buchstabenkärtchen „schreiben“
3. DIFF: a) alle M und m optisch diskriminieren und nachspuren b) Wörter Mama und Oma optisch diskriminieren und einkreisen oder nachspuren c) Wörter Mama und Oma schreiben

1

am | im | am | mit

2

○ Mama am 

○ Mama im 

○ Oma mit Tina

○ Mama mit Tina

3

Im

An

Am

Min

Man

Mon

FS 14–16: 1. Präpositionen erlesen und mit den passenden Abbildungen durch Linien verbinden
2. Auswahlsätze erlesen; jeweils zum Bild passenden Satz ankreuzen
3. DIFF: Begriffe sprechschwingen; Abbildungen mit den richtigen Anfangssilben durch Linien verbinden

L l

1

8

2

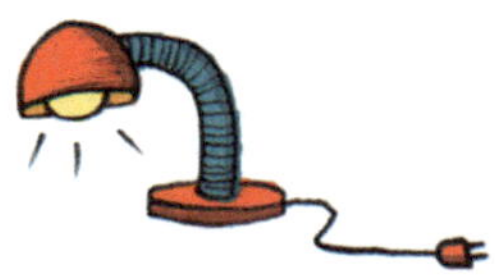

3

Salat | Ampel | Lama

FS 18/19: 1. Begriffe silbierend sprechen; Begriffe einkreisen oder anmalen, in denen der L/l-Laut zu hören ist (8-mal)
2. ankreuzen, ob der L/l-Laut am Wortanfang, im Wortinnern oder am Wortende zu hören ist DIFF: den Buchstaben ins Feld schreiben
3. DIFF: a) Einkreisen oder Nachspuren des L/l b) Nachspuren des gesamten Wortes c) Wörter erlesen und den Abbildungen richtig zuordnen d) Selbstlaute rot markieren und Silbenbögen setzen

1

 → a → i → o

Mama mit Lama Lola

Tina mit Lama Lola

2

- ○ Ali malt Lama Lola.
- ○ Tina malt Lama Lola.

- ○ Ali malt Tina lila an.
- ○ Ali malt mit Tino.

3

L l Lama Ali malt lila

LolaAlimaltMamalilaLama

FS 18/19: 1. Sätze erlesen und sprechschwingen; Silbenbögen nachspuren bzw. setzen; Vokale/Silbenkönige benennen / rot nachspuren
2. Auswahlsätze erlesen; jeweils zum Bild passenden Satz ankreuzen
3. a) alle L und l optisch diskriminieren und nachspuren b) Wörter Lama und Ali optisch diskriminieren und einkreisen oder nachspuren DIFF: Wörter malt und lila optisch diskriminieren und einkreisen

S s

1

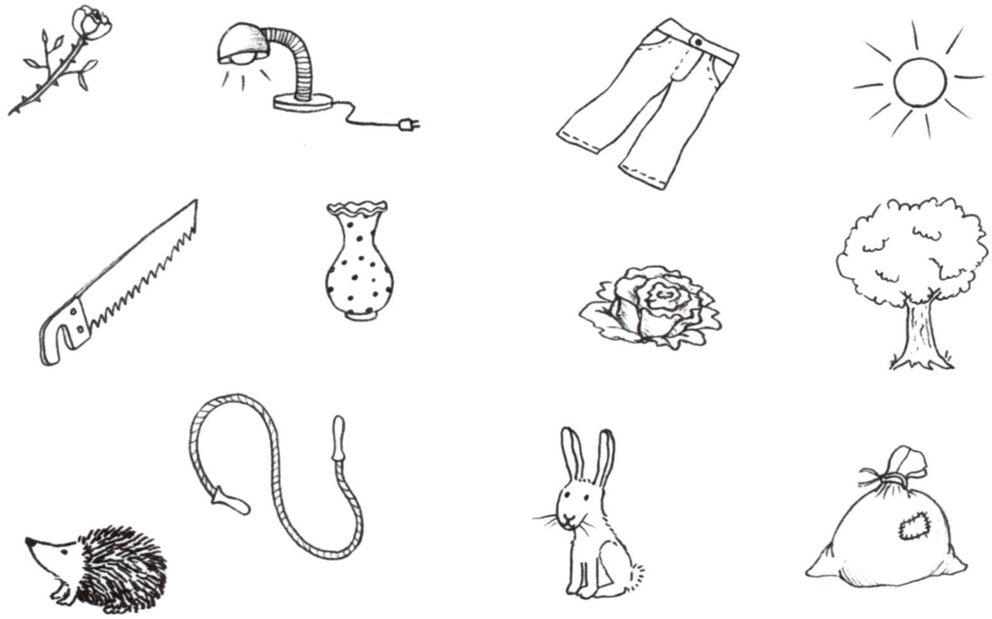

9

2

3

Hose | Salami | Salat

FS 20/21: 1. Begriffe silbierend sprechen; Begriffe einkreisen oder anmalen, in denen der S/s-Laut zu hören ist (9-mal)
2. ankreuzen, ob der S/s-Laut am Wortanfang, im Wortinnern oder am Wortende zu hören ist DIFF: den Buchstaben ins Feld schreiben
3. DIFF: a) Einkreisen oder Nachspuren des S/s b) Nachspuren des gesamten Wortes c) Wörter erlesen und den Abbildungen richtig zuordnen d) Selbstlaute rot markieren und Silbenbögen setzen

Ananas 

S s

1

6

2

ist Ast Mast Mist

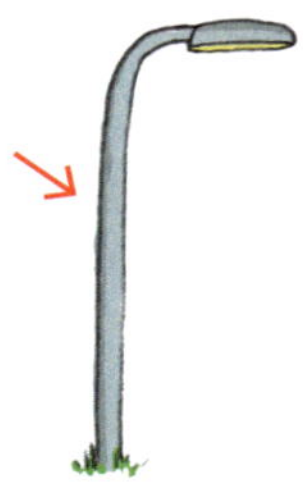

3

s

Mast Mist ist los

AliMistinlosMastmaltistAst

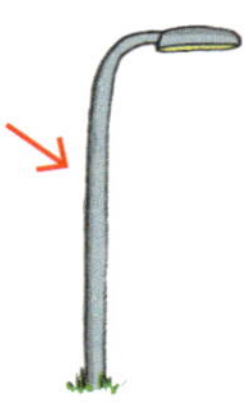

Ma

FS 20/21: 1. Begriffe silbierend sprechen; Begriffe einkreisen oder anmalen, in denen der (stimmlose) S/s-Laut zu hören ist (6-mal)
2. Begriffe erlesen; das kleine s innerhalb der Wörter farbig markieren
3. a) alle s optisch diskriminieren und nachspuren b) Wörter Mast, Mist, ist, los optisch diskriminieren und einkreisen oder nachspuren DIFF: Wörter Mast und Mist in die Schreibzeilen schreiben

1

Si | mon

Simon

Sa | la | lat

Sa | mi

2

○ Simon ist am Mist.

○ Simon ist am Mast.

○ Im Salat ist Ananas.

○ Im Salat ist Salami.

3

Ast | toll

ist | Mast

soll | Mist

FS 20/21: 1. Begriffe sprechschwingen; Abbildungen mit den passenden Silben verbinden DIFF: ganzes Wort in die Schreibzeile schreiben
2. Auswahlsätze erlesen; jeweils zum Bild passenden Satz ankreuzen
3. DIFF: Wörter erlesen, abhören und Reimwörter miteinander verbinden

E e

1

8

2

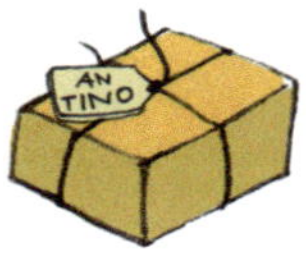

3

Esel

Kamel

Elefant

FS 24/25: 1. Begriffe silbierend sprechen; Begriffe einkreisen oder anmalen, in denen der E/e-Laut zu hören ist (8-mal)
2. ankreuzen, ob der E/e-Laut am Wortanfang, im Wortinnern oder am Wortende zu hören ist DIFF: den Buchstaben ins Feld schreiben
3. DIFF: a) Einkreisen oder Nachspuren des E/e b) Nachspuren des gesamten Wortes c) Wörter erlesen und den Abbildungen richtig zuordnen d) Selbstlaute rot markieren und Silbenbögen setzen

E e

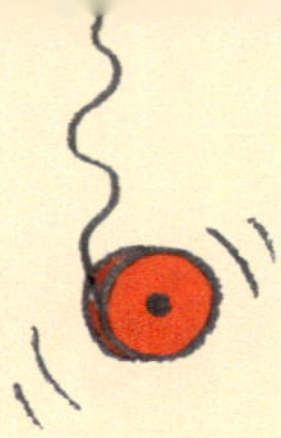

1

Ente | Sonne | Nase | Mantel | Insel

2

Male Salat an Tinos Nase.

Male Tinas Mantel lila.

Alle Enten essen Linsen.

3

Alle Enten essen ______.

FS 24/25: 1. Begriffe sprechschwingen; Wörter erlesen und mit den passenden Abbildungen verbinden
2. Sätze erlesen und Abbildung nach Satzaussagen vervollständigen
3. DIFF: Lückensatz erlesen, nachspuren und frei ergänzen

1

malen lesen essen messen

2

te se ne sel sel tel

Ente

Man

Son

In

Na

E

3

Alle Tanten malen ________.

FS 24/25: 1. dargestellte Verben sprechschwingen; Wörter erlesen und mit den passenden Abbildungen verbinden
2. Endsilben mit kurzem e erlesen; abgebildete Begriffe nennen und sprechschwingen; Wörter nachspuren und mit passenden Endsilben vervollständigen – Vokale/Silbenkönige dabei rot markieren! *(eingesetzte Silben aus der Auswahl oben streichen)*
3. DIFF: Lückensatz erlesen, nachspuren und frei ergänzen

1

- ○ Tina ist im See.
- ○ Tina ist im Tee.

- ○ Tinte Lena ist nett.
- ○ Tante Lena ist nett.

- ○ Esel messen Salat.
- ○ Esel essen Salat.

2

See	messen
essen	Sonne
Tonne	Tee

3

 Tonne

 messen

 S

FS 24/25: 1. Sätze paarweise erlesen; jeweils richtigen Satz ankreuzen
2. Wörter erlesen, abhören und Reimwörter miteinander verbinden
3. DIFF: abgebildete Begriffe benennen und sprechschwingen; Wörter erlesen und nachspuren; farbig gekennzeichnete Buchstaben entsprechend der jeweils zweiten Abbildung austauschen; entstehende Reimwörter schreiben

P	p

1

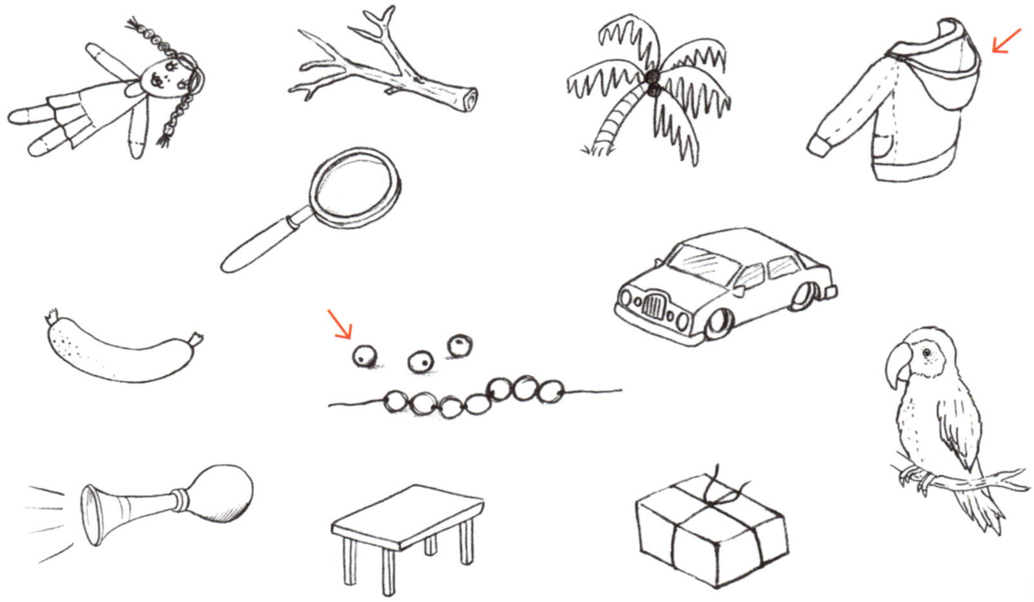

8

2

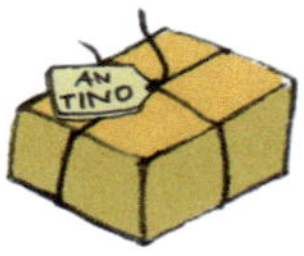

3

Palme

Ampel

Papa

FS 26/27: 1. Begriffe silbierend sprechen; Begriffe einkreisen oder anmalen, in denen der P/p-Laut zu hören ist (8-mal)
2. ankreuzen, ob der P/p-Laut am Wortanfang, im Wortinnern oder am Wortende zu hören ist DIFF: den Buchstaben ins Feld schreiben
3. DIFF: a) Einkreisen oder Nachspuren des P/p b) Nachspuren des gesamten Wortes c) Wörter erlesen und den Abbildungen richtig zuordnen d) Selbstlaute rot markieren und Silbenbögen setzen

1

- ○ Lampe
- ○ Ampel
- ○ Palme

- ○ Lippen
- ○ Mappen
- ○ Lappen

2

- ○ Im Sessel ist Papa.
- ○ Im Sessel ist Opa.

- ○ Paola malt Lampen.
- ○ Paola malt Polli.

3

☐ - pe	☐ - pe	☐ - me	☐ - pen	☐ - pel	☐ - pen

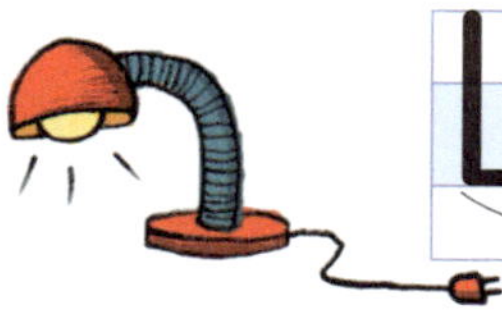

Lampe

Lap

Pal

Lip

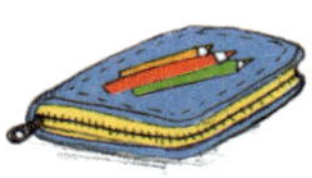

Map

Am

FS 26/27: 1. Wörter erlesen; jeweils zum Bild passendes Wort ankreuzen
2. Sätze erlesen; jeweils zum Bild passenden Satz ankreuzen
3. Endsilben mit kurzem e erlesen; abgebildete Begriffe nennen und sprechschwingen; Wörter nachspuren und mit passenden Endsilben vervollständigen – Vokale/Silbenkönige dabei rot markieren! *(eingesetzte Silben aus der Auswahl oben streichen)*

W w

1

2

 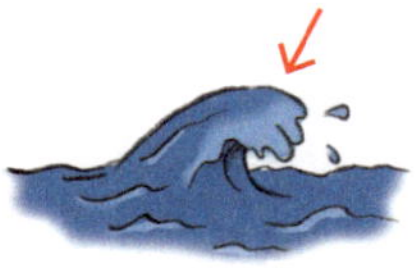  

3

Wolle

Schwan

Wal

1

- ○ Welle
- ○ Wolle
- ○ Wille

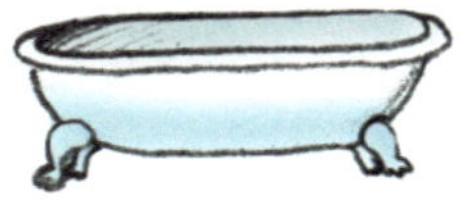

- ○ Tonne
- ○ Tanne
- ○ Wanne

2

Male, was Pipo will.

Male, womit Tina isst.

Male etwas in Mamas Tasse.

3

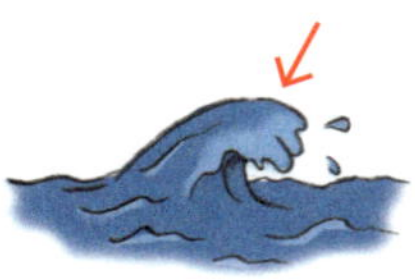

Welle

Tanne

W

FS 28/29: 1. Wörter erlesen; jeweils zum Bild passendes Wort ankreuzen
2. Sätze erlesen; Bild nach Satzaussagen vervollständigen *(z. B.: Wurst, Löffel, Tee)*
3. DIFF: abgebildete Begriffe benennen; Wörter erlesen und nachspuren; farbig gekennzeichnete Buchstaben entsprechend der jeweils zweiten Abbildung austauschen; entstehende Wörter schreiben

R r

1

8

2

3

Maler	Pirat	Ritter	Rose

FS 32: 1. Begriffe silbierend sprechen; Begriffe einkreisen oder anmalen, in denen der R/r-Laut zu hören ist (8-mal)
2. ankreuzen, ob der R/r-Laut am Wortanfang, im Wortinnern oder am Wortende zu hören ist DIFF: den Buchstaben ins Feld schreiben
3. DIFF: a) Einkreisen oder Nachspuren des R/r b) Nachspuren des gesamten Wortes c) Wörter erlesen und den Abbildungen richtig zuordnen d) Selbstlaute rot markieren und Silbenbögen setzen

1

Ritter Rolo wartet am Tor.
Male Ritter Rolo mit
roten Rosen im Arm.

Pirat Willi will etwas essen.
Male Willis roten Teller.

2

ler ler ler

ser ter

Roller

Tel

Ma

Rit

Mes

FS 32: 1. Texte erlesen und Bilder jeweils nach Textvorgabe ergänzen
2. Endsilben mit kurzem e erlesen; abgebildete Begriffe nennen und sprechschwingen; Wörter nachspuren und mit passenden Endsilben vervollständigen – Vokale/Silbenkönige dabei rot markieren! *(eingesetzte Silben aus der Auswahl oben streichen)*

1

- ◯ Alle lernen am Tor.
- ◯ Alle warten am Tor.
- ◯ Alle raten am Tor.

- ◯ Rolo wartet mit Rosen.
- ◯ Rolo wartet mit Treppen.
- ◯ Rolo wartet mit Perlen.

2

☐-~~ten~~ ☐-nen ☐-ten | ☐-nen ☐-sen ☐-len

raten

war

ler

ren

rol

mes

FS 32: 1. Sätze erlesen und zum Bild passende Sätze ankreuzen
2. Endsilben mit kurzem e erlesen; dargestellte Verben nennen und sprechschwingen; Wörter nachspuren und mit passenden Endsilben vervollständigen – Vokale/Silbenkönige dabei rot markieren! *(eingesetzte Silben aus der Auswahl oben streichen)*

Ei ei

1

3

2 Male immer ein Ei.

Iiii! Pirat Willi isst ein Eis
mit einem Ei.
An Willis Eis ist eine Ameise.

Ritter Rolo ist
ein toller Reiter.
Er nimmt eine Leiter.

FS 33: 1. ankreuzen, ob der Ei/ei-Laut im Anlaut, im Wortinnern oder am Wortende zu hören ist
DIFF: Buchstaben ins richtige Feld schreiben
2. alle Ei und ei farbig markieren; Texte erlesen und Bilder jeweils entsprechend den Textaussagen ergänzen

1

ein ein ein eine eine eine

ein Reiter | Perle
Rose | Eis
Eimer | Leiter

2

e m Ei r

ei L e r t

l ei S

r ei R t e

Ei

3 Tolle Ritter-Namen

Ritter Eisen-________

Ritter Rosen-________

FS 33: 1. Wörter erlesen, passenden unbestimmten Artikel auswählen und vor den Begriff schreiben. Begriff nachspuren und eingesetzten Artikel aus der Auswahl oben streichen
2. Begriffe sprechschwingen, Einzellaute analysieren und Wörter schreiben; benutzte Buchstaben nach und nach aus der Auswahl streichen
3. DIFF: Erfinden von lustigen Ritternamen: Vervollständigen der Teilnamen

D d

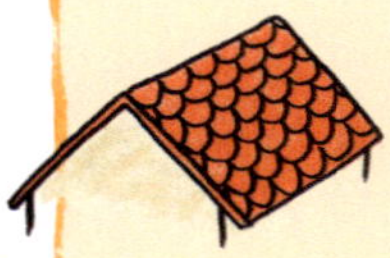

1

2

○ Der Dino ist in der Erde.
○ Der Dino ist in einer Dose.
○ Der Dino ist in der Wanne.

○ An der Dose ist eine Nadel.
○ In der Dose sind Nadeln.
○ In der Dose sind Mandarinen.

○ Das ist der Mann im Mond.
○ Der Mann redet mit einer Dame.
○ Das ist der Mann in der Sonne.

FS 34/35: 1. ankreuzen, ob der D/d-Laut im Anlaut, im Wortinnern oder am Wortende zu hören ist
DIFF: Buchstaben ins richtige Feld schreiben
2. Auswahlsätze erlesen, jeweils zum Bild passenden Satz ankreuzen

1 Reime mit D oder d

Name
Dame

Tino

Rose

2 Was ist denn da los? Ist das normal?

Der Mond ist rosa.
In dem Wald
sind drei Indianer.
Paola redet
mit einem Dino.

3

r E d e
Er

s e D o

N d e l a

i d o R a

4 Tino malt ein Domino.

Male das Domino weiter.

U u

1

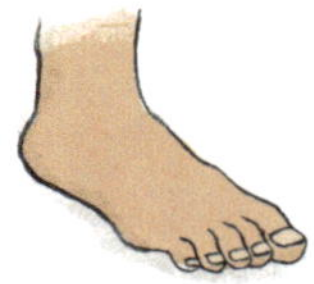

2

○ Tino rudert mit einer Lupe.

○ Tino rudert mit einer Nudel.

○ Tino rudert mit den Armen.

3

r d u e R

u p e L

e N l d u

FS 38/39: 1. ankreuzen, ob der U/u-Laut im Anlaut, im Wortinnern oder am Wortende zu hören ist
DIFF: Buchstaben ins richtige Feld schreiben
2. Auswahlsätze erlesen; zum Bild passenden Satz ankreuzen
3. Begriffe sprechschwingen, Einzellaute analysieren und Wörter schreiben; benutzte Buchstaben nach und nach aus der Auswahl streichen

U u

1

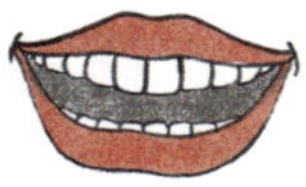 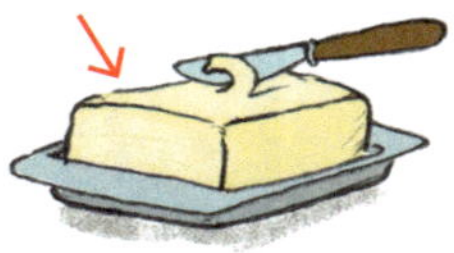 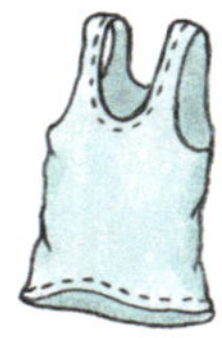 

2

Tina und Tino sind
mit Pipo an einem Turm.

Tina und Pipo turnen
im Sand.
Unter dem Ast ist Wasser.
Tinas Pulli wird nass.

3

 → a → e → i → o → u

Pipo turnt unter Mamas Pulli.

F f

1

2

Tino ist am Fenster.
Er filmt Polli am Ast.

Tino ruft Tina an.
Er nimmt das Telefon.

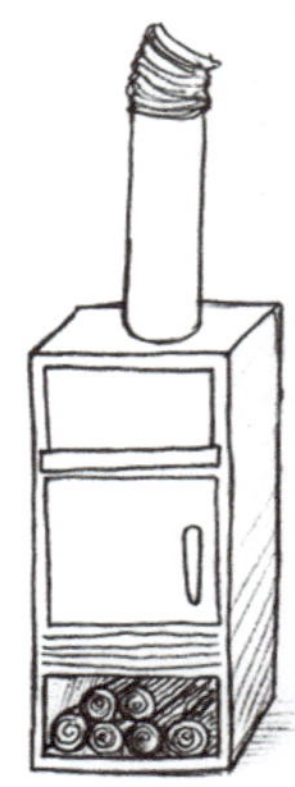

Am Ofen findet
Polli eine fette Wurst.

FS 40/41: 1. ankreuzen, ob der F/f-Laut im Anlaut, im Wortinnern oder am Wortende zu hören ist
DIFF: Buchstaben ins richtige Feld schreiben
2. Texte lesen und Bilder jeweils entsprechend den Textaussagen ergänzen

1

a T e l f

n f e R ei

e d F r e

r f o D

2 Was findest du doof?

- ◯ einen warmen Ofen im Winter
- ◯ mit Elefanten im Feld reiten
- ◯ offene Fenster im Winter
- ◯ mit anderen ein Fest feiern
- ◯ wenn Affen Nudeln fressen

3 u oder o ?

Ofen

T__rm

P__lli

r__fen

D__rf

P__lli

4 Was findest du am Winter toll?

FS 40/41: 1 Begriffe sprechschwingen, Einzellaute analysieren und Wörter schreiben; benutzte Buchstaben nach und nach aus der Auswahl streichen – 2. Sätze erlesen und entsprechend der Fragestellung ankreuzen
3. Begriffe benennen; fehlenden Vokal abhören (alternativ mit /u/ und /o/ sprechen) und mit Rot einsetzen; ganzes Wort nachspuren
4. DIFF: freies Schreiben nach Fragestellung

H h

1

2 Im Winter hat man oft Husten.
Was soll den Husten heilen?

- ◯ warmer Tee
- ◯ nasse Haare
- ◯ ein nasser Hamster
- ◯ eine warme Hose
- ◯ Hustensaft
- ◯ ein Fernseher
- ◯ ein helles Hemd
- ◯ daheim im Warmen sein

3 Reime

 Mund — H

 Dose

 Nase

4

 Halm — Helm

 Hose

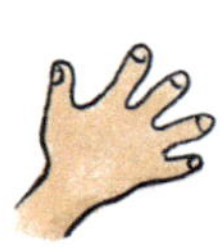 Hund

FS 42: 1. ankreuzen, ob der H/h-Laut im Anlaut, im Wortinnern oder am Wortende zu hören ist DIFF: Buchstaben ins richtige Feld schreiben
2. Auswahlantworten erlesen und entsprechend der Fragestellung ankreuzen
3. Wörter silbierend erlesen; zu den Abbildungen passendes Reimwort darunterschreiben
4. DIFF: Wörter erlesen; Abbildungen benennen; farbig markierte Buchstaben entsprechend austauschen und neues Wort schreiben

1

f H e t

a s H l

N h o a r n s

2 Was passt?

sehen	holt	rennen	helfen

Paola und Tino sehen einen Film.

2 Hunde ______ hinter einem Hasen her.

Ein Mann will dem Hasen ______.

Der Mann ______ eine Wurst.

3 Finde ein passendes Ende:

Tino ist heiser und ______.

ie

Wiese

1 Lies und male alle ie an (8-mal):

Tino muss immer niesen.
Er ruft: „Manno, das ist fies!
Es soll nie wieder Winter werden!
Dieses nasse Wetter ist doof!“

Paola antwortet: „Ruhe, Tino!
Hier ist Tina. Sie will mit dir lesen.“
Dann liest Tina mit Tino.

2 der oder die oder das?

der Hund	Tier	Feder
Hose	Helm	Lied
Heft	Dose	Riese

3 Male hier 2 Tiere.

FS 43: 1. Aufgabe entsprechend der Aufgabenstellung
2. Artikel und Wörter erlesen; richtige Artikel zuordnen; Wörter silbierend sprechen und nachspuren
3. Aufgabe entsprechend der Aufgabenstellung

1

e s W ie

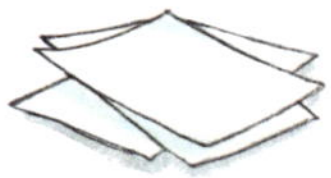

a ie P p r

r ie e T

s R e ie

2

- ◯ Tina liest mit Tino.
- ◯ Tina niest mit Tino.
- ◯ Tina liest mit Tina.

- ◯ Dieses Tier findet man in der Wanne.
- ◯ Dieses Tier findet man oft im Feld.
- ◯ Dieses Tier filmt man oft mit Husten.

3 Lies und male alle ie an:

Wiese	die	Lieder	Riese	sie
hier	wie	nie	wieder	Papier

Was passt immer darunter?

die	wie	Wiese	wieder	Papier
sie	n	R	L	h

1 Male alle ie an (6-mal):

Ein Riese rennt
in einer Wiese herum.
Dort trifft er einen Hasen.

Der Hase ruft:
„Hier darf niemand rennen!“

Da weint der Riese:
„O nein! Das ist fies!“

Tina holt Papier.
Tino malt eine Liste.
Sie notieren alles mit ie:

ie

der Riese

die

FS 43: DIFF: oberen Text erlesen; alle ie rot markieren *(hier erstmals ein Text mit ie- und ei-Wörtern)*; unteren Text erlesen; alle ie-Wörter aus dem oberen Text in die Liste einmal schreiben *(Riese: doppelt)*

Z z

1

  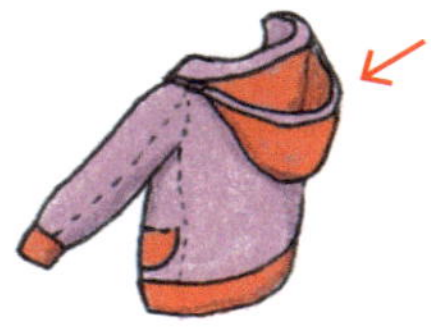 

2

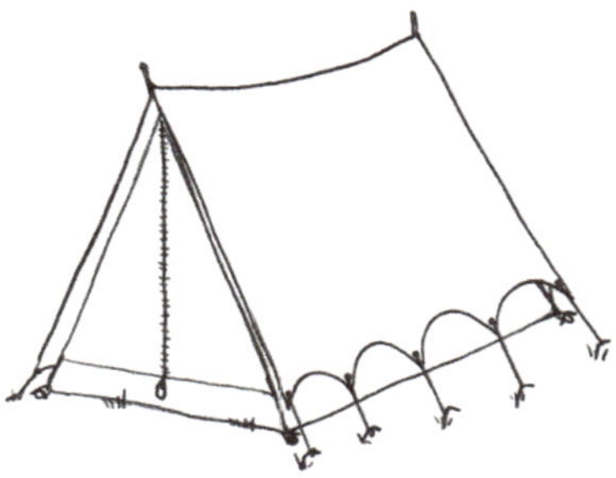

Dieses Zelt ist rot.
Male zwei Tiere dazu.

1.

2.

Male in die erste Zeile
zwei Pilze und eine Feder.
Male in die zweite Zeile
drei Herzen.

3

P z l i

r H z e

l t e Z

A r t z

1 Was passt zusammen? Ordne alles zu.

Ziehe Linien mit dem Lineal.

der Ranzen | die Zeit | das Zelt

die Zitrone | das Herz | die Wurzel

2 **Zweimal** ⊗

- ◯ An Tinas Zehen ist ein Zettel.
- ◯ Pipo zittert in Tinas Zimmer.
- ◯ Tina zappelt an Pipos Leine.
- ◯ Pipo zerrt an seiner Leine.

3 Was willst du mit Papa oder Mama zusammen tun?

FS 46/47: 1. Wörter erlesen und mit passenden Bildern durch Linien einander zuordnen; Begriffe sprechschwingen und Wörter mit Artikeln nachspuren
2. Sätze erlesen und die beiden zum Bild passenden Aussagen ankreuzen *(1 und 4)*
3. DIFF: freies Schreiben zur Fragestellung

Ausschneidebogen 1

T	i	n	a	a	
T	i	n	o	o	

u
Fibelseiten 6–9
(und folgende)

	T	I	N	A	O
T	t	i	n	a	o

zu
Fibelseiten
10–13
(und folgende)

	A	N	i	i	t
	n	n	o	o	t

u Arbeitsheft, Seiten 18, 19 (und folgende)

✂ Ausschneidebogen 2

O	m	a

m	i	t

M	a	m	a

a	m

i	m

M	O	a	m

zu Arbeitsheft, Seiten 20–21 (und folgende)

L	L	l	l	l

zu Arbeitsheft, Seiten 23–28 (und folgende)

S	S	s	s	s

M	E	E	e	e	e

B b

1

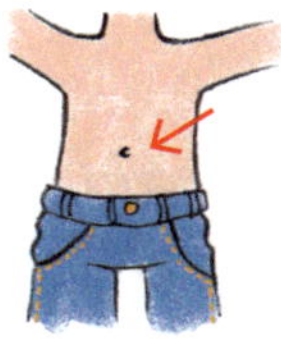

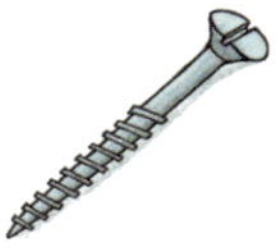

2 Was ist im Zimmer zu sehen? Male alles mit roter Farbe an.

- ○ eine Banane
- ○ ein Brief
- ○ sieben Raben
- ○ eine Blume
- ○ ein Bett
- ○ eine bunte Brille
- ○ ein Brot
- ○ ein Boot
- ○ ein breites Brett

FS 48/49: 1. ankreuzen, ob der B/b-Laut im Anlaut oder im Wortinnern zu hören ist DIFF: Buchstaben ins richtige Feld schreiben
2. Wörter erlesen; Abbildungen dazu innerhalb der Illustration suchen; gefundene Begriffe ankreuzen und Gegenstände dazu innerhalb der Illustration rot anmalen

1

R e a b

B r f ie

r o t B

b i B r e

2 **Das Leben bei Tina um sieben**

blei – ben | to – ben | bra – ten | ha – ben

Tina will im Bett bleiben.

Mama will Leon ein Ei ______.

Leon will aber lieber ein Brot ______.

Pipo bellt, weil er mit Tina ______ will.

Mama will zur Arbeit …

3 Male immer alle b lila.

B b Bl Bl Bl

bpbdbdpbdpdbb

FS 48/49: 1. Begriffe sprechschwingen, Einzellaute analysieren und Wörter schreiben; benutzte Buchstaben nach und nach aus der Auswahl streichen – 2. Lückensätze und Auswahlwörter lesen; Wörter silbierend lesen; Lückensätze mit Verben vervollständigen; Silbenbögen setzen – 3. kleines b im großen B nachspuren; senkrechten Strich zu einem kleinen b vervollständigen
DIFF: kleines b optisch diskriminieren und nachspuren

1 Es ist Abend.
Leon und Tina sind am Fenster.
Die Sonne ist rot.
Der Himmel oben wird lila.

Leon meint: „Meine liebe Tina, du musst bald ins Bett.“
Tina antwortet: „Na, du bist ein toller Bruder!“

2 B oder P ?

der __all

das __ild

der __insel

b oder p ?

__ellen

__usten

__aden

3 Wir 👁 ein b, aber wir 👂 und 👄 oft p.
Male nur diese b an.

Tina hilft Mama
mit dem Essen.
Deshalb lobt Mama sie:
„Tina, du bist lieb!“

FS 48/49: 1. Text lesen und Bild entsprechend den Textaussagen ergänzen
2. abgebildete Begriffe nach dem fehlenden Laut abhören; Lückenwort entsprechend ergänzen und (mit Artikel) komplett nachspuren
3. Aufgabenstellung und Text erlesen; Klang des kleinen b innerhalb der Wörter abhören; alle b grün markieren
DIFF: alle Auslaut-b innerhalb der Sprechblase markieren

Ch ch

Buch  Milch 

1 Lies und male alle Ch und ch an. Es sind 11:

Tina und Leon lesen in einem Buch.
Tino besucht die beiden.
Tina liest:
„Wenn es in China Nacht ist,
ist es bei uns noch hell.“

Tino wundert sich: „Bist du sicher?“
Leon lacht: „Willst du wissen, warum?
Dann lies doch einfach in deiner Fibel nach.“

2 der **oder** die **oder** das **?**

die Nacht | Buch
Woche | Dach

Licht | Zeichen
Milch | Teppich

FS 50/51: 1. Text erlesen und alle Ch und ch farbig markieren (11 x)
2. Wörter erlesen, den Klang des Ch/ch-Lautes abhören, bestimmten Artikel zuordnen und Wörter nachspuren

1

a ch D

i ch M l

o ch L

t a ch

---

2 Welches Wort passt? Die zweite Silbe ist immer -chen :

la- ~~hor~~- rie- su-	-chen

Leon und Tina horchen an der Wand.

Tina und Leon ______ Leons Buch.

Polli und Pipo ______ an einer Wurst.

Tina und Tino ______ oft zusammen.

ch
wie in Buch
oder
wie in Milch?

3 Bei diesen Namen liest du das Ch so, wie in Chor :

Chris Christa Christina Christian Christof

In dem Wort China liest du das Ch
wie in Milch oder wie in Chor.

1 Dreimal und einmal

①		②		③	
⚀	Leon	⚀	liest	⚀	in einem tollen Buch.
⚁	Tino	⚁	lacht	⚁	mit einer frechen Chinesin.
⚂	Tina	⚂	rudert	⚂	in einem Teich.
⚃	Polli	⚃	tobt	⚃	unter einem Teppich.
⚄	Papa	⚄	arbeitet	⚄	manchmal in der Nacht.
⚅	Mama	⚅	turnt	⚅	mit einem weichen Pulli.

Noch einmal

2

wir lachen	wir suchen	wir machen
er lacht	sie	er

FS 50/51: 1. Satzteile einzeln erlesen; in Partner- oder Gruppenarbeit mit drei Würfeln Sätze erwürfeln und erlesen; jedes Kind schreibt einen erwürfelten Satz in die Zeilen DIFF: einen weiteren erwürfelten Satz aufschreiben
2. DIFF: Verben in der ersten Person Plural erlesen, Verbform in der dritten Person Singular ableiten/finden und darunterschreiben

Au au

1

2

Auf dem Baum
sind acht Tauben.
Das Auto hat ein
blaues Dach.

Eine Maus saust durch den Zaun.
Die Frau malt den Zaun braun an. Sie braucht eine Brille.

3

 s au H

 Au o t

 m B au

 F au r

1 Baue 4-mal ein Wort aus zwei Silben:

~~brau-~~	sau-	lau-	tau-	-fen	-chen

brau ___ s ___ l ___ t ___

2 Was passt auch zu dir?

- ◯ Manchmal brauche ich Hilfe beim Rechnen.
- ◯ Ich helfe anderen, wenn sie mich brauchen.
- ◯ Ich lache andere niemals aus.
- ◯ Wenn ich nicht fernsehen darf, werde ich ziemlich sauer.
- ◯ Manchmal traue ich mich nicht, etwas zu tun.
- ◯ Ich liebe faule Ausreden.

3 Erfinde hier eine faule Ausrede:

____

____

FS 54/55: 1. Anfangssilben erlesen, passende Schlusssilben suchen, vollständiges Verb sprechschwingen, in die Lineatur mit dem passenden Anfangsbuchstaben schreiben; Silbenbögen setzen
2. Aussagen erlesen; ankreuzen, was zu mir passt
3. DIFF: freies Schreiben einer „faulen" Ausrede

K k

1 Markiere zuerst alle K und k (12-mal).

Dann kannst du das Bild ausmalen:

Die Kinder sind bei Tino.

Die Musik ist laut.

Polli kriecht in den Koffer.

Alle lachen und kichern.

Tina knabbert an einem Keks.

Paola klettert auf dem Bett herum.

Sie wirft ein Kissen nach Tino.

Auf dem Plakat ist eine bunte Rakete.

2

n i r d K e

e z r K e

K t a u k s

u e n K ch

1 Was kann ich kauen? 3-mal ⊗

○ Kekse	○ Kuchen	○ Kannen
○ Kinder	○ Kartoffeln	○ Wolken

Was kann ich riechen? 3-mal ⊗

○ Kamele	○ Kreise	○ Kaffee
○ Musik	○ Koffer	○ Knoblauch

2

der Kreis →  die Kreise

die Kiste →  d

das Kind →  d

3 Suche immer ein Reimwort mit K oder k:

die Liste	das Lamm	die Nuss
die Kiste	der	der
der Wind	die Tanne	laufen
das	die	

FS 56/57: 1. Fragen erlesen, richtige Antworten ankreuzen
2. Begriffe im Singular mit Artikeln lesen; Plural bilden und mit Artikel aufschreiben; Artikel im Plural rot einkreisen
3. DIFF: vorgegebene Begriffe mit Artikel erlesen; passendes Reimwort sprechschwingen und mit Artikel darunterschreiben

1 Mit Papa auf dem Markt

kau-	kom-	ko-	krau-	-len	-fen	-chen	-men

Papa will Paprika kau_______.

Die Frauen _______ Kaffee.

Zwei Kinder _______ in kurzen Hosen.

Tino und Paola _______ einen Hund.

2 Was passiert noch auf dem Markt?

____

____

FS 56/57: 1. Bild betrachten; Text lesen; passende Wörter aus den Einzelsilben zusammenbauen, sprechschwingen und in den Text einsetzen, Silbenbögen setzen; Bild entsprechend den Textaussagen ergänzen
2. DIFF: freies Schreiben zur Abbildung

Ö ö

1 Frau Löber möchte mit der Klasse einen Test machen.
Kannst du beim Lösen helfen?

Zu welchen Zeilen passen die Wörter?

Löffel	Öl	öfter	können

Köche ______ toll kochen.

Suppe isst man mit einem ______.

Obst sollten wir ______ essen als Bonbons.

Salat können wir mit ______ und Zitrone essen.

2

ö e L w

______

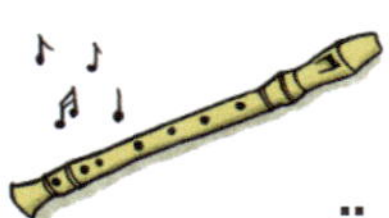

F e l ö t

______

K b ö r e

______

H r n e ö r

______

FS 58/59: 1. Sätze erlesen; Lückenwörter erlesen, sprechschwingen und in die passenden Lücken einschreiben
2. Begriffe sprechschwingen, Einzellaute analysieren und Wörter schreiben; benutzte Buchstaben nach und nach aus der Auswahl streichen

Würfel  Tür 

Ü ü

1 Über das Essen

Nüsse und Rosinen passen prima …

- ◯ in ein Müsli.
- ◯ zu einer Suppe.
- ◯ in einen Kuchen.

Wenn du fünf Tüten Bonbons isst, …

- ◯ wirst du dünn.
- ◯ wird dir übel.
- ◯ wirst du böse.

Nach dem Kochen …

- ◯ musst du alle Löffel küssen.
- ◯ dürfen alle Kinder Rechnen üben.
- ◯ kommt der Abfall in den Müll.

2

ü r T

T e t ü

W l f r ü e

ü s r t B e

Sch sch

1 Schöne Ideen für unsere Freizeit

Tino bastelt bunte Schiffe.
Auf dem Tisch ist auch
eine kleine Schere.

Tina schreibt einen Brief
für eine Flaschenpost.
Male die Flasche dazu.

Anton schwimmt auf dem
Wasser. Unter Anton
sind fünf bunte Fische.

Ina schaut sich schöne
Bilder im Museum an.
Male Muscheln in das Bild.

2

e e r Sch

a sch e T

F o r sch

Sch ff i

FS 62/63: 1. Texte lesen und Bilder entsprechend den Textaussagen ergänzen
2. Begriffe sprechschwingen, Einzellaute analysieren und Wörter schreiben; benutzte Buchstaben nach und nach aus der Auswahl streichen

1 Tina hat eine komische Schrift erfunden

Tausche immer
die falschen Selbstlaute:

die Fle-scha

die Flasche

die Sche-lu

die

der Let-schur

die Sches-sül

2 Schwere Wörter für schlaue Forscher:

die Wisch-me-scha-na

W

die Scha-ke-lo-do

S

FS 62/63: 1. abgebildete Begriffe benennen, falsche Silben erlesen; Begriffe richtig benennen, sprechschwingen und mit Artikeln, getauschten Vokalen und Silbenbögen darunterschreiben
2. DIFF: Begriffe (mit mehr als zwei vertauschten Vokalen) analog zu Aufgabe 1 korrigieren *(hier Hinweise zum gesuchten Begriff in den Sprechblasen statt Vorgabe von Abbildungen)*

1 Schreibe immer das passende Wort in die Zeile:

Einen Film im Kino kann man

an _______________ .

- ○ an schreien
- ○ an schauen
- ○ an mischen

Deine Freizeit-Tipps kannst du

_______________ .

- ○ auf wischen
- ○ auf schneiden
- ○ auf schreiben

Nach dem Schwimmen sollst du dich

_______________ .

- ○ ab schrauben
- ○ ab duschen
- ○ ab schütteln

2 Schreibe hier deinen schönsten Freizeit-Tipp auf:

____

____

FS 62/63: 1. Satzanfänge und -ergänzungen lesen; passende Ergänzungen ankreuzen, sprechschwingen und in die Zeile schreiben
2. DIFF: freies Schreiben zum Thema Freizeit

G g

1 Freizeit-Tipps für alle Tage

Simon und Andi tragen gelbe Schuhe. Anton gibt Simon einen grünen Ball.

Die Kinder gehen in den Zoo. Um das Gesicht der Giraffe fliegen fünf Fliegen.

Ina und Anton mögen Musik. Hier übt Ina auf der Geige. Anton hat eine Gitarre.

Tino zeigt Paola im Museum den Dino. Unter dem Dino liegen drei graue Knochen.

2

r i T g e

ei G e g

l e g l

ü m e G e s

1 Schreibe immer das richtige Wort in die Zeile:

Geld kann man …

aus ______ .

- ◯ aus | fegen
- ◯ aus | geben
- ◯ aus | graben

Ein Gedicht kannst du …

______ .

- ◯ auf | zeigen
- ◯ auf | saugen
- ◯ auf | sagen

2 Manchmal liest du g, aber du hörst k.
Male nur diese g alle grün an (6-mal).

- Tina mag es, mit Mama zu kuscheln.
- Tino zeigt Paola eine Burg auf einem Berg.
- Anton fragt Ina, wann sie Geburtstag hat.

3 Was machen alle? Was macht er?

alle liegen	alle fragen	alle zeigen
er liegt	er	er

FS 64: 1. Satzanfänge und -ergänzungen mit Vorsilben lesen; passende Ergänzungen ankreuzen, sprechschwingen und in die Zeile schreiben
2. Sätze erlesen; Klang des g jeweils abhören; g mit Auslautverhärtung grün markieren
3. DIFF: Grundform der Verben erlesen und nachspuren; Verb in der dritten Person Singular darunterschreiben

1 Überlege, welche Wörter zu den Bildern passen:

~~lie~~ -	ge -	ge -	zei -	- ben	- gen	- hen	- gen

lie

2 Was ist gelogen?

- ◯ Ein Ausflug bei Regen ist eine gute Idee.
- ◯ Dinos sind riesige Tiere, die früher gelebt haben.
- ◯ Einige Menschen haben gelbe Augen.
- ◯ Auf allen Burgen gibt es gruselige Geister.

3 Erfinde hier eine eigene kleine Lüge:

Ä ä

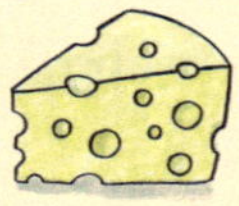

Käse

1

der Ast

die Äste

das Glas

d

die Hand

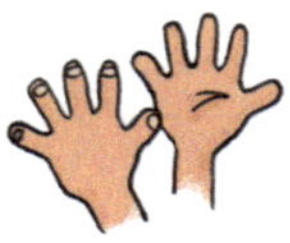

d

der Mann

d

2 Dreimal würfeln

Paola schält
ein Kleid mit lila Ärmeln.

Würfel	①	Würfel	②	Würfel	③
1	Paola	1	ärgert	1	einen Bären im Käfig.
2	Tina	2	trägt	2	ein Kleid mit lila Ärmeln.
3	Tino	3	wäscht	3	die Hände mit Wasser.
4	Lara	4	malt	4	ein Bild mit drei Bällen.
5	Anton	5	schält	5	Obst mit einem Messer.
6	Polli	6	frisst	6	gerne Käse mit Käfern.

Schreibe hier 3 6 1

FS 65: 1. Pluralform mit Umlaut zu den passenden Bildern finden; sprechschwingen und mit Artikel aufschreiben
2. Satzteile einzeln erlesen; in Partnerarbeit mit drei Würfeln Sätze erwürfeln und erlesen;
zu den vorgegebenen Würfelaugen passenden Satz in die Zeile schreiben

ah eh
oh uh

ih

ieh

äh öh
üh

1

Tino geht mit den Kindern
zu einer alten Mühle.
Auf der Wiese kräht ein Hahn.

Tina sucht ihren Schuh.
Sie findet ihn an dem Zaun.
Seine Sohle ist grau.

Ina fährt zu der Kuh mit dem
braunen Ohr: „Diese fröhliche
Kuh mäht hier den Rasen!“

Anton ruft: „Sieh mal, Tino!
Hier blüht ein Löwenzahn!“
Male den Löwenzahn gelb.

2 der **oder** die **oder** das?

M

das Ohr	der
das	die

1 Die Fahrt zu einer Höhle

zäh-	fah-	gäh-	feh-	-nen	-len	-ren	-len

Es ist sehr früh am Morgen. Die Klasse wartet im Bus. Die Lehrer wollen wissen, ob alle gekommen sind.

Deshalb zäh ______ sie die Kinder.

Aber Simon und Lara ______ noch.

Tina ist müde. Sie muss die ganze Zeit ______.

Der Busfahrer ruft: „Können wir endlich ______?“

2 Was erleben die Kinder wohl in der Höhle?

______

______

FS 68/69: 1. Sätze erlesen; passende Wörter aus den Einzelsilben zusammenbauen, sprechschwingen und in den Text einsetzen; Silbenbögen setzen
2. DIFF: freies Schreiben zur Frage

J j

1 Zu jeder Frage gibt es eine richtige Antwort:

Das Jahr hat 12 Monate. Was ist wahr?

1. Januar
2. Februar
3. März
4. April
5. Mai
6. Juni
7. Juli
8. August
9. September
10. Oktober
11. November
12. Dezember

- ◯ Direkt nach dem Juni folgt der Januar.
- ◯ Im Frühjahr blühen Krokusse.
- ◯ Ostern feiern wir im Juli.

Ein Jäger ist jemand, der …

- ◯ oft im Wald arbeitet.
- ◯ immer mit den Wölfen jault.
- ◯ jeden Tag einen Jogurt isst.

Ein Jo-Jo ist etwas, was …

- ◯ Tinos Bruder Jonas lesen will.
- ◯ man beim Judo braucht.
- ◯ man hoch und runter rollen lässt.

2

e J g ä r

o u d J

t J g r u o

J a g r u a

Sp sp

1 Spürnase Salli in Spanien

Suche für jedes Wort die passende Zeile:

Spa-ni-en	spre-chen	spie-len	spa-zie-ren

Salli fliegt nach Spa__________.

Salli kann sogar etwas Spanisch __________.

Enten __________ durch einen Park.

Salli will mit ihnen __________.

2

Es ist spät in der Nacht.
Im Spiegel sieht Salli
ein böses Gespenst.

Auf dem Boden krabbeln
drei fiese Spinnen.

FS 74/75: 1. Auswahlwörter und Sätze erlesen; Auswahlwörter sprechschwingen; Sätze mit den passenden Wörtern ergänzen; Silbenbögen setzen
2. Text erlesen; Abbildung nach Textaussagen ergänzen

1 Aufgepasst!

Wo hört sich das Sp oder sp immer wie in Spinne an?

Male eine Spinne über dieses Feld.

Male die Silbenbögen unter alle Wörter.

die Spur	die Wespe
der Sport	die Knospe
der Spiegel	auspusten
spielen	auspressen
sprechen	wispern

2 Hier spielt Salli einen Spion.

Salli ist eine gute Spürnase!

Male und schreibe etwas dazu.

FS 74/75: 1. Wörter in den Feldern erlesen; Spinne über das linke Feld malen und darin alle Sp und sp blau nachspuren; Begriffe aus beiden Feldern sprechschwingen und Silbenbögen setzen
2. DIFF: Malen und freies Schreiben zur Abbildung

St st

1

Salli steht an einer Treppe.
Auf der dritten Stufe
liegen zwei grüne Stifte.

Oje! Salli stolpert über
einen braunen Stein.
Male seine Stiefel blau an.

Hier staunt Salli.
Am Himmel strahlen
fünf gelbe Sterne.

Salli streichelt einen Kater.
Sein Mantel hat
rote und gelbe Streifen.

2

St e n r

f t i St

St n ei

l e St ie f

FS 74/75: 1. Texte erlesen; Bilder entsprechend den Textaussagen ergänzen
2. Begriffe sprechschwingen, Einzellaute analysieren und Wörter schreiben; benutzte Buchstaben nach und nach aus der Auswahl streichen

1 Aufgepasst!

Wo hört sich das St oder st immer wie in Stern an?

Male einen Stern über dieses Feld.

Male die Silbenbögen unter alle Wörter.

die Stufe	das Nest
die Stunde	die Kiste
der Stiefel	die Taste
stehen	basteln
aufstellen	austeilen

Drei stolze Stiere stören in der Stadt drei staunende Polizisten mit gestreiften Stiefeln.

2 Welches Wort muss neben welchem Bild stehen?

ste-	stei-	strei-	stür-	-cheln	-gen	-hen	-zen

 ste

FS 74/75: 1. Wörter in den Feldern erlesen; Stern über das linke Feld malen und darin alle St und st blau nachspuren; Begriffe sprechschwingen und Silbenbögen setzen DIFF: Lesen des Zungenbrechers in der Sprechblase
2. Bilder betrachten; passende Verben aus den Einzelsilben zusammenbauen, sprechschwingen und danebenschreiben; Silbenbögen setzen

ck

Sack

1 Finde Reimwörter:

Rock — St

Stück — Gl

wecken — l

2 Finde für jedes Wort die passende Zeile:

~~backt~~ | schmeckt | Klecks | leckt

Leon backt mit Tina Kekse für ein Picknick.

Er gibt ihr einen Löffel mit einem ________ Teig.

Tina ________ den Teig ab.

Sie ruft: „Mmmmh! Das ________ aber gut!“

3

ck R o

J ck e a

e D ck e

Sch n e ck e

FS 76/77: 1. Reimwörter mit den vorgegebenen Buchstaben finden und aufschreiben
2. Auswahlwörter und Sätze erlesen; Sätze mit den passenden Wörtern ergänzen
3. Begriffe benennen, Einzellaute analysieren und Wörter schreiben; benutzte Buchstaben nach und nach aus der Auswahl streichen

1 Was stimmt?

Zu einem guten Picknick gehört …

- ◯ eine dicke Mücke.
- ◯ eine dreckige Decke.
- ◯ ein leckeres Essen.

Wenn du über eine Brücke gehst, …

- ◯ brauchst du einen Stock.
- ◯ willst du auf die andere Seite.
- ◯ musst du Schnecken wecken.

2 Finde Reimwörter mit ck :

schmecken	knacken	kleckern
l	p	m

3 Was macht dich glücklich?

Pf pf

1 Pipo hat nur Unsinn im Kopf

Die Kinder wollen
Pflanzen aussäen.
Auf einmal hüpft Pipo
wie wild dazwischen.

Ein Topf zerbricht.
Eine Flasche fällt um.
Tina schimpft mit Pipo.
Der hat Dreck an den Pfoten,
und seine Nase tropft.

2 Reime mit Pf oder pf

der Knopf

 der

der Kopf

 d

die Kanne

 d

das Seil

 d

FS 80/81: 1. alle Pf und pf farbig markieren; Abbildung nach Textaussagen ergänzen
2. durch Abbildungen vorgegebene Reimwörter mit dem richtigen Artikel in die Zeilen schreiben

Katze

tz

1 Finde Reimwörter mit tz und schreibe sie auf:

Glatze	Blitze	schwitzen
K	H	s
T	W	bl

2

Tino sitzt mit Tina in einer Blumenwiese. Plötzlich sehen sie einen Blitz am Himmel.

Diese Pflanzen mögen keine Hitze. Tina möchte sie mit einem Schirm schützen.

3 der **oder** die **oder** das**?**

die Mütze	der
das	die

chs

Fuchs

1 Tiere mit chs

M

der Luchs

der Luchs

der Dachs

d

der Fuchs

d

der Lachs

d

2 Male diese sechs Blüten rot und gelb an:

3 Hier wachsen Blumen mit witzigen Namen:

Wurmkraut

W

Hasenpappel

K

Eierkuchen

B

Auf Seite 82 der Fibel findet ihr für jede Blume noch einen zweiten Namen. Schreibt ihn in die Zeile daneben.

FS 82: 1. Tiernamen mit chs erlesen und abschreiben
2. Abbildung nach Textvorgabe anmalen
3. Blumennamen und Text lesen; in Partnerarbeit Abbildungen mit den Miniaturen auf Fibelseite 82 vergleichen und zweiten Namen in die Zeile danebenschreiben *(Anfangsbuchstabe jeweils vorgegeben)*

V v

1 V oder v wie in  oder V oder v wie in  ?

Verbinde zuerst die Bilder mit den richtigen Wörtern.

M

Vase | Vogel | Klavier | Vampir | Vater | Kurve | vier

Wie sprichst du das V oder v ? Ordne die Wörter ein:

 Vase, K

 Vogel, V

2 Neben Verena stehen
vier violette Blumen.
Verenas Flasche ist
voll rotem Saft.

Ein Hase hüpft an Simon vorbei.
Über den Köpfen fliegen viele Mücken.

FS 83: 1. Begriffe erlesen und mit den passenden Abbildungen verbinden; Begriffe nach Klang des V oder v abhören und in die richtige Zeile einschreiben
2. Abbildung nach Textaussagen ergänzen

1 Vorsicht! Nicht verwechseln!

Auf einem Klavier kann man etwas …

vor ______________.

- ◯ vor | sagen
- ◯ vor | zeigen
- ◯ vor | spielen

Ein Geheimnis sollst du niemandem …

______________.

- ◯ ver | kaufen
- ◯ ver | raten
- ◯ ver | binden

2 Ein Rätsel mit V-Wörtern

Hier gibt es keine

M kleinen Buchstaben!

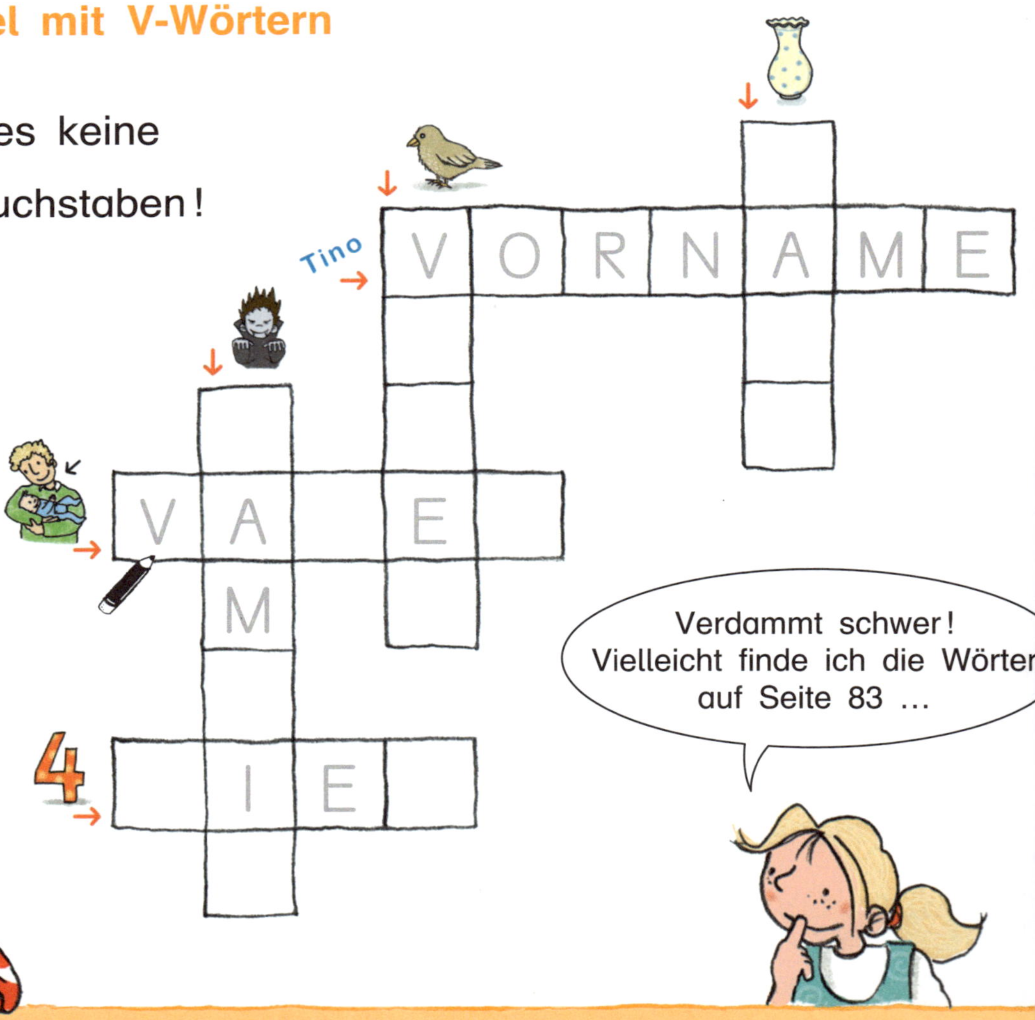

FS 83: 1. Satzanfänge und -ergänzungen lesen; passende Ergänzungen ankreuzen, silbierend sprechen und in die Zeile schreiben
2. DIFF: Kreuzworträtsel nach Bildvorgaben lösen

Eu eu

1 Immer zwei Wörter passen zusammen.
Schreibe die Paare in die Zeilen:

leuchten Steuer Freund steuern Freundin Leuchte

leuchten | st | F
L | |

2

Tino kann das Auto aus der Ferne steuern. Vorne leuchten die Lampen gelb.

Oft ist Spielzeug sehr teuer. Dieses hier kostet neun Euro. Wie viele Euro fehlen noch?

3

Eu o r

l e Eu

r z K eu

F eu r e

1 Eure Familien und Freunde sind wichtig

freuen | treue | Freunde | heulen

Wenn ein Streit vorbei ist, freuen sich alle.

Manchmal müssen wir auch richtig ________, wenn wir uns streiten.

Viele Leute meinen, dass Haustiere ________ Freunde sind.

Wir freuen uns, wenn wir nette ________ haben.

2 Schreibe hier Vornamen von Freundinnen, Freunden oder von deiner Familie auf:

____

FS 86/87: 1. Sätze erlesen; Lückenwörter erlesen, sprechschwingen und die Sätze damit vervollständigen; Silbenbögen setzen
2. DIFF: Schreiben von Vornamen nach Aufgabenstellung

Bank 

nk

1 Finde Reimwörter mit nk und schreibe sie auf:

Schrank	trinken	schenken
B	w	d
T	s	l

2 Woran Tina und Leon denken sollen

Morgen kocht Oma für Tina und Leon.
Vorher verteilt Mama Aufgaben.

Kreuze links an (3-mal):
Woran sollen die Kinder wirklich denken?

- ◯ Denkt daran, euch die Hände zu waschen!
- ◯ Trinkt bitte euren Saft nur im Schrank!
- ◯ Vergesst nicht, euch bei Oma zu bedanken!
- ◯ Als Enkel müsst ihr euch mit Oma zanken.
- ◯ Gebt Pipo auch sein Futter und Wasser.

FS 88: 1. Reimwörter mit den vorgegebenen Anfangsbuchstaben finden und aufschreiben
2. Text lesen, Auswahlantworten lesen und richtige „Aufgaben“ ankreuzen (3x)

ng

Ring

1 Reime mit ng

die Zunge

der

das Ding

d

2 Tina erzählt von ihrem Vater

Markiere alle ng blau (6-mal):

Papa lebt nicht mehr bei uns.
Papa wohnt jetzt
in einer anderen Wohnung.

Am Anfang war Mama traurig.
Aber nun ist es in Ordnung.
Leon und ich besuchen
Papa oft.

Papa arbeitet als Reporter
bei einer Zeitung.
Mit Papa wird es selten
langweilig.

Weihnachten verbringen
wir immer alle zusammen:
mit Papa und Mama!

Welchen Beruf hat Tinas Vater?

FS 89: 1. Reimwörter in Tinas Sprechblase lesen; weitere Reimwörter nach Bildvorgabe verschriften
2. Aufgaben nach Anweisung durchführen

Fuß 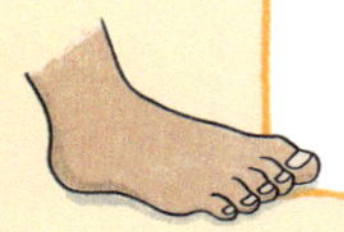

ß

1 Dreimal würfeln

Würfel	1	2	3
1	Kinder	lieben	süßen Pudding.
2	Eltern	wünschen sich	nur fleißige Kinder.
3	Onkel	haben	manchmal große Füße.
4	Omas	grüßen	nette Nachbarn.
5	Hunde	beißen	nie heiße Würstchen.
6	Verliebte	verschenken	oft weiße Rosen.

Schreibe hier 4 5 4 :

2 Welches Wort passt bloß neben welches Bild?

bei – gie – rei – schie – | – ßen

 bei

FS 90: 1. Satzteile einzeln erlesen; in Partner- oder Gruppenarbeit mit drei Würfeln Sätze erwürfeln und erlesen; zu den vorgegeben Würfelaugen passenden Satz in die Zeile schreiben
2. Bilder betrachten; passende Verben aus den Einzelsilben zusammenbauen, sprechschwingen und danebenschreiben; Silbenbögen setzen

Y y

Yacht

Pyramide

Baby

1 Das Ypsilon kann klingen wie:

M

Erforsche, was ein Yak ist.

J j	Ü ü	I i
Yak	Zylinder	Pony

Schreibe die Wörter von ganz oben in die richtigen Spalten.

2 Tino schreibt einen Brief nach Italien

Gibt es Pyramiden nur in Ägypten?

Liebe Tante Elena, lieber Onkel Nevio,

wie geht es euch in Syrakus?
Opa hat uns lange von Italien erzählt.
Aber ich habe noch viele Fragen:

Wann kommt denn euer Baby zur Welt?
Darf ich in den Ferien
wieder auf dem Pony reiten?

Denke dir noch mehr Fragen aus, die Tino stellen könnte:

FS 91: 1. unterschiedliche Klänge des Y/y abhören; Begriffe aus der Kopfzeile in die richtigen Spalten sortieren
DIFF: Nachforschungen über den Yak anstellen
2. Brief und Denkblase von Tino erlesen; weitere Fragen ausdenken und frei schreiben; mögliche DIFF: einen vollständigen Brief schreiben *(an fiktive oder reale Person)*

Äu äu

Mäuse

1 Oft wird in der Mehrzahl aus dem au ein äu :

die Maus

die Mäuse

der Traum

die

der Baum

die

das Haus

die

2 Immer drei Wörter gehören zusammen.
Male diese Wörter mit einer Farbe an.

laufen

er träumt

der Läufer

träumen

der Traum

sie läuft

3 Welches Geräusch magst du gar nicht?

C c

Computer

Cent

1

M

2 Das können wir in den Ferien erleben

M

Com-pu-ter	Co-mic	Cent	Cam-ping-platz

Im Urlaub liest Lara gerne einen Co_______.

Simon wohnt auf einem _______.

Tina schreibt am _______ eine E-Mail nach Hause.

Tino kennt ein tolles Eis-Café in Syrakus. Da kostet eine Eiskugel nur 40 _______.

FS 95: 1. C/c-Wörter aus den Sprechblasen erlesen und nach ihrem Klang abhören
2. Sätze erlesen; Lückenwörter erlesen, sprechschwingen und die Sätze damit vervollständigen; Silbenbögen setzen

1 Comic: Auf dem Campingplatz in Spanien

2 Schreibe diese Geschichte mit deinen Worten ins Heft.

FS 95: 1. Comic lesen *(evtl. mit verteilten Rollen);* beschreiben, was auf den Bildern geschieht
2. DIFF: die Comic-Geschichte mit eigenen Worten ins Heft schreiben

Qu qu

Qualle  Quadrat  Quirl 

1 Ein Quiz mit Qu/qu-Wörtern

M Leon hat aus der Bücherei ein Quizbuch geliehen.
Nun stellt er Tina und Tino ganz viele Fragen.
Hilf den Kindern. Kreuze immer die richtige Antwort an:

1. Wie kann ein Kartenspiel heißen?
   - ○ Qualle
   - ○ Quartett
   - ○ Quadrat
2. Was ist aus Milch und sehr gesund?
   - ○ Qualm
   - ○ Quirle
   - ○ Quark
3. Worin kannst du Fische in der Wohnung halten?
   - ○ in Quatsch
   - ○ im Aquarium
   - ○ in einer Quelle
4. Was tun die Frösche häufig im Schilf?
   - ○ sie quasseln
   - ○ sie quaken
   - ○ sie quietschen

2 Schreibe hier vier Wörter mit Qu oder qu auf:

M

FS 98: 1. Quizfragen erlesen und jeweils richtige Antwort ankreuzen
2. vier beliebige Wörter mit Qu oder qu aus dem Text aussuchen und abschreiben

Xylofon 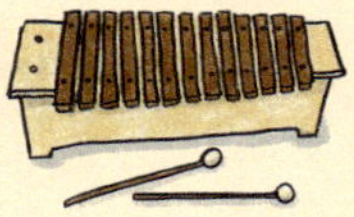 Hexe 

X x

1 Schreibe die Wörter neben die passenden Bilder:

M

die Hexe das Taxi der Text
boxen mixen

 die ______

 der ______

 d ______

 m ______

 b ______

2

FS 99: 1. Auswahlwörter erlesen und neben die passenden Abbildungen schreiben
2. Texte in den Sprechblasen erlesen

Inhalt